Wolfgang Kempmann
Schlesien

Meiner Schwester Ruth

Schlesien

Eine Spurenlese

von Wolfgang Kempmann

Verlag CW Niemeyer Hameln

Licht und Schatten in schlesischen Lauben

CIP-Titelaufnahme der Deutschen Bibliothek

Kempmann, Wolfgang:
Schlesien: eine Spurenlese / von Wolfgang Kempmann. –
Hameln: Niemeyer, 1989
ISBN 3-87585-130-7

Alle Originale in Bleistift auf Ingres-Papier,
ca. 28 x 40 cm.

Bilder auf Seite 53, 103 und 119 in Tusche über Bleistift
auf Zeichenpapier, ca. 28 x 40 cm.

Bilder auf Seite 175 und 205 in Tusche über Aquarell auf
Japan-Papier, ca. 57 x 39 cm.

© 1989 Verlag CW Niemeyer, Hameln
Lithos: Schütte & Behling, Berlin
Druck: CW Niemeyer-Druck, Hameln
Printed in Germany
ISBN 3-87585-130-7

Inhalt

Ein Wort zuvor

Heimat-Kunde	10
Erinnerte Erinnerung	11

Bilder aus dem Dorf der Kindheit

Auftakt	14
Auf der Schaukel in Konradsthal	15
Garten der Kindheit	17
Kugelspiel	18
Konradsthaler Elegie	19
In Konradsthal werweißwieweit	22
Herbstabend in Konradsthal	23
Spurenlese	24

Berufung auf Neurode

Im Namen und Zeichen der Stadt	26
Das keiner sonst sieht	30
Ortungen in der Stadt der Kindheit	31
Wettersturz im Riesengebirge	40
Der Platz an dem was Bleibe hat	41

Ausklang

Vom Schönen der „schönen Breslauerin"	46
Wieder die Nacht	49

Bildfolge

Konradsthal	50
Hermsdorf	62
Waldenburg. Stadt und Land	72
Neurode im Eulengebirge	100
In der Grafschaft Glatz	120
Breslau	134
Im Gebirge	152
Um Kamm und Koppe	174
Stadt und Land anderswo	206
Im Oberschlesischen	234

„… DAS GEHEIMNIS DER ERLÖSUNG
HEISST ERINNERUNG."
Jüdische Überlieferung

Ein Wort zuvor

Heimat-Kunde

Wie sollte ich den Ort vergessen,
wo ich, in dem, was ich dort sah,
so selbstverständlich, offenbar
auf einem Weg an erster Hand,
den Zugang zu mir selber fand?

Als meines Augenblickes Zeit Gesicht empfing,
auf Schritt und Tritt im Bilde war
mit jedem Ding so sonnenklar das
Land, wie ich mir selbst, verwandt.
Was so sich birgt, läßt sich nicht messen.

Wo immer hin es mich auch treibt
durch dieser Tage Flüchtigkeit
seither: Die Bleibe ist genannt,
ob nie im Meßtischblatt sie stand,
so nur der Heimsuchung bekannt,
ganz ohne Zeit, uneingeschränkt,
inwendig weit besessen.

Erinnerte Erinnerung

Es geht hier um „Erinnerung". Da mag es nicht unangemessen erscheinen, sich zuvor der Erinnerung selbst, der Erinnerung als Gegenstand des Erinnerns, zu stellen: sich zu vergegenwärtigen, was Erinnerung an und für sich, und zwar im vollen Sinne, bedeutet. – Landläufig wird Erinnerung bloß als Rückwärtswendung verstanden. Kann eine solche Auffassung, was Erinnerung wirklich ist, zureichend begreifen? In Wirklichkeit vollzieht sich das Erinnern, allein als bloßer Vorgang schon, ausschließlich in der Gegenwart, wie eben diese Erinnerung hier an die Erinnerung auch. Erst in eines Menschen Gegenwärtigkeit kann sich Erinnerung ereignen. Aber auch vom Inhalt her verwirklicht sich Erinnerung als Gegenwärtigsetzung: Als Vergegenwärtigung des zu Erinnernden eben. Erinnerung vermag zudem dermaßen Macht zu gewinnen, daß sie auch Zukunft noch bestimmt. Erfahrung jüngster Geschichte belehrt auf eindringliche Weise, wie nachhaltig Vergangenheit auf Grund der Erinnerung Zukunft einzuholen vermag. – Vergangenheit wie Zukunft, und mithin Erinnerung, zeichnen sich unabdingbar als Erlebnisvorgang und Erlebnisinhalt menschlicher Gegenwart ab. „Erinnerung" beim Wort genommen sagt deutlich, worum es ihr geht: „Er-Innerung", das heißt „Wendung nach innen" nämlich. – Dieses „Innen" erschließt einen Spielraum von unabsehbarer Tiefe. Wir würden uns Unendlichkeit anders nicht vorzustellen vermögen. „In uns ist alles", verkündet Hölderlin. Mithin nimmt Erinnerung Äußeres nach innen. Aber sie heißt auch Inwendiges zu äußern. Manch ein Mißverständnis wurzelt in verkürzter, verstümmelter Erinnerung. Wir erleben das tagtäglich und insofern mit wachsendem Nachdruck, als wir uns für ein Durch-denken nicht nur kaum mehr Zeit nehmen, sondern im Gegenteil sie uns nehmen lassen gar von solchen Informationen und solchen Nachrichten, die selber nach zu richten wären.
Gehe ich, mich erinnernd, der Vergangenheit auf den Grund, werde ich an den Ursprung gelangen. Damit ist Zukunft voll erreicht. Mehr als den Ursprung wird keine Zukunft je einholen können: Ursprung ist aller Zukunft Zukunft. Im Sinne des Zusammenhanges dieser Überlegung, würde Heinrich von Kleist, den Stellenwert des Erinnerns erlösend formulierend, sagen, was man in seinem ebenso knappen wie bedeutenden Aufsatz „Über das Marionettentheater" wortwörtlich nachlesen kann: daß „... das Bild des Hohlspiegels, nachdem es

sich in das Unendliche entfernt hat, plötzlich wieder dicht vor uns tritt..." Und es heißt dort an anderer Stelle näherhin: Wer nicht „...das dritte Kapitel vom ersten Buch Moses... mit Aufmerksamkeit gelesen; ...diese erste Periode... nicht kennt, mit dem könne man nicht füglich über die folgenden, um wieviel weniger über die letzte, sprechen".

Der Zeitpunkt, zu dem Erinnerung statthat, die Gegenwart, liegt, das wurde deutlich, im Schnittpunkt von Vergangenheit und Zukunft. Er bildet sich aus dem, was nicht mehr ist, und dem, was noch nicht ist. So fein gesponnen, so sensibel und verletzlich, derart spirituell, zeitigt sich menschliche Gegenwart. Erst im Ganzen der Dreieinigkeit aus Vergangenheit, Gegenwart und Zukunft gewinnt, was Erinnerung ist, seinen Stellenwert, in Wahrheit seinen Sinn. – Wann auch immer und woran nun immer jemand sich zu erinnern pflegt, namentlich dann, wenn Erinnerung einholt, was wir „Heimat" heißen, die, kraft ihres Wesens Ursprung birgt, die Voraussetzung des Ganzen ist unabdingbar einzuholen, wenn man nicht in die Irre geraten will. Wer sich also erinnert, mag sich vorab daran erinnern, daß jegliche Erinnerung schon von ihrer Zeitstruktur her über sich hinausweist, daß sie dergestalt notwendig transparent, transzendental, in ihrer vollen Rückbindung in des Wortes wahrer Bedeutung durchaus „religiös" ist.

Kurzschlüssig vollzogen, kann Erinnerung Not nicht wenden, nicht zum Frieden führen in dieser Unzulänglichkeit, die eher aus- und ein-geschlossen hält, als daß sie mit dem Anderen zur Versöhnung führte. Friede im eigenen Innen will von jedem, dank des vollen Wissensbegriffs von dem, was zu erinnern steht, selbst gewonnen sein. – Mir kamen Erinnerungen an das Land der Kindheit als schlesische zu. Der Geist liebt es, sich zu verorten, betont, der das wissen muß, nämlich Erhart Kästner. „Schlesien" meiner „Erinnerung" ist ein ungleich anderes, als hier ein topographischer Begriff erfaßt. Gleichviel, ob in sprachlicher oder bildnerischer Form, möchten die Erinnerungen im gegebenen Fall – und zwar um so dringlicher, je schmerzlicher sie auftreten, ich sage das erstlich mir selbst – helfen, über das, was Erinnerung grundsätzlich heißt, und sei es für einen Augenblick, im Bilde zu sein. Erinnerung, das ist ein existentieller Akt. Hat künstlerischer Ausdruck, dessen die Aussage hier bedarf, je einem anderen Auftrag zu dienen, anderen Sinn zu erfüllen gehabt, als den, Welt zu „erinnern": durchsichtig sein zu lassen auf ihre Ganzheit hin?

Bilder aus dem Dorf
der Kindheit

Auftakt

Wie mein vom Schreibtisch
flatterndes Blatt,

hebt mit dem Windstoß ein
Vogelflug ab,

schwanken die Bäume und
winken.

Gedanken, die gerufen sind,
erinnern an das spielende
Kind,

das schaukelnd in den Wind
sich schwingt
und tanzend in den Reigen
singt,

und steigen und versinken.

Auf der Schaukel in Konradsthal

Was für ein Platz dem Kinde die Schaukel. In der Wohnung in Konradsthal pendelt sie über der Schwelle zwischen den Pfosten der Tür vom Kinderzimmer hin in das Schlafzimmer der Eltern. Das Schaukelbord ist dem Kinde gewiß, das sich darauf, umgeben von verschiebbaren hölzernen Kugeln und Stäben, an den Sisalseilen hält, die mit ihren eisernen Ringen in dem eingekrümmten eisernen Hakenpaar hängen, das der Vater ausgewählt und mit eigener Hand hier tief im Türsturzholz verschraubt hat.

Der Schaukel gegenüber öffnet sich im Zimmer der Eltern ein Fenster, dessen Rahmen dem Kinde das Bild des Hochwalds beständig vor Augen hält. Am nahen Ende der Ortschaft, dort, wo auch die Straße an der Rehbockschänke endet, nurmehr noch der Fußweg unter den Stämmen des Waldes das Geheimnis des Märchens betritt, wächst seine Kuppe Hunderte von Metern aus dem Tal: Wache ohne Ablösung über seiner Einsamkeit, unbestechlich in der Hut über die Stille des Dorfes, Berg, der verläßlich alle Zeit des Kindes birgt, unverrückbarer Bürge dafür.

Reisige Wolken gelassen den Hochwald passieren. Raunend trägt der Sommerwind Feld über Feld reifendes Korn Woge um Woge dem Kind auf der Schaukel ins Fensterbild. Mit jedem Schwung im Hin und Her kratzt das Eisen der Schaukelringe krächzend am Eisen der Haken im Türsturz. Dem kommt aus den Höfen im Dorf zuweilen das Krähen der Hähne zu und nicht nur auch anderen Flügelvolkes Stimme. Auf spielt das zum Reigen, schaukelt auch das Kind in den Rhythmus seiner Aussicht. Hier darf es „im Bilde sein": kommt es selbst darin zur Welt, kommt es darin durch die Welt zu sich selbst. Da sind Aussicht und Einsicht dem Kinde in der Schaukel eins: nämlich Ge-Sicht. – Schlägt sich in der Schaukel etwa eine Brücke, sei es nur als Schwebebalken, aus der Wiege in die Welt?

Im Schaukelspiel geborgen, läßt das Kind sich los, steigt und stürzt es ohne Rückhalt in das Auf und Ab des Ausflugs. – Wer ist es, der steigt, wer fällt: das Kind in der Schaukel, die im Schaukeln geschaute Welt? Da holt es Schwung, und der Schwung holt das Kind, das er sich mitnimmt und wiederbringt. Kein Rattenfänger, der verprellt. Da singt das Kind, so freut die Welt. – Was ist es, das im Banne hält: der Aufbruch, der verlockt, die Rückkehr, die versprochene, oder, gleichviel, eben das, was sich als Bleibe dazwischen spannt? Das kann, das muß ein Kind nicht wissen, das da in der Schwebe ist. In diesem Zustand des Flüggewerdens kann man aus dem Gleichgewicht stolpern, ist doch noch Geborgenheit, die eine Unsicherheit verträgt, läßt sich Unsicherheit getrost aus der Geborgenheit wagen. Wie sich aus der Schaukel zeigt, steht die Türe offen: Eingang ist und Ausgang. – In der Ahnung einer Frage aber wird es eng, ängstigt sich das Kind: Ob die Schaukel wirklich immer wieder absetzt, die so schwungvoll gleich zurücknimmt, um nach vorne auszuholen? Ob der Hochwald wieder auftaucht dort, im Fensterrahmen? Ob die Schaukel nicht doch einmal aufhebt, fort von hier, ohne Wiederkehr, und wer weiß wohin? – Vorspiel die Schaukel, Verheißung eines Eigenen, das, wohin auch immer, trägt?

Garten der Kindheit

Wo im Konradsthaler Garten
hinter der Sommerlaube der Mai
duftend aufblüht im Fliederbaum,
ihren Flötenpart die Amsel
nebenan im Buchenflaum
anstimmt, und die Wolkenwagen
Schatten um den Hochwald tragen,
wo in der Ecke am hölzernen Zaun,
überragt vom Laubendach,
Bohnenstangenbündel sich
für den Klettertrieb der „Türken"
durch den strengen Winter sparen
und die Leiter für die Kirschen
nach dem weißen Blütentraum,
sehe ich Mutter den Kiesweg harken,
hält die Schwester sich am Pflanzstock,
sticht der Vater mit dem Spaten
nach der Schnur den Nutzbeetsaum.

Neben dem Birnbaum im Beerenstrauchfeld,
wo auch die Pflaume blaut und gelbt,
abseits glubscht in der modrigen Tonne
unergründlich ein tropfender Hahn,
dunkelt mich in dem Loch ohne Sonne
manchmal der Ruf einer Kröte an.

Riecht erst der Kompost dort,
braucht es nicht lange,
und es kringelt über den Plan,
tut sie bloß zahm,
zusehends wachsend
die Kürbistriebschlange.

Mir indes mißglückt der Versuch,
überraschend für die Eltern
vom begehrten Rosenduft
aus dem Blütenblättersaft,
ausgepreßt im Wasserbad
unterm Feldstein über Nacht,
in ein Fläschchen mir zu keltern.
Auch das feinbehaarte Grün,
unter Wasser dort wie Silber,
hebe ich es, hält nicht Wort.
Also blieb ich, der ich war,
auf das Wunder zu ein Pilger.

Kugelspiel

Schon damals, im Bilde zu sein,
bewegt
die farbige Kugel aus Glas das Kind,
als sie im Zug des Murmelspiels
ihm kostbar in die Hand sich legt.

Indes das Kind die Kugel wägt,
durchsichtig dieses runden Dinges
Achse sich zur Spindel dreht,
ein Faden in den Blick gerät,
der rot sich um die Mitte schlingt,
um die er endenlos sich webt.

Trägt so im Labyrinth der Zeit
von ausgezählter Dürftigkeit,
vielleicht die Fadenscheinigkeit,
als Spur im Aschenputtelkleid,
schon hin zu dem, worum es geht?

Konradsthaler Elegie

Längs der Straße
hinunter
zum Dorf
Schwalben
auf Zeilen
aus Telefondrähten,
im Takt
von Mast zu Mast,
Noten setzen
des Abschieds
vom Sommer.

Wolkensehnsuchtswagen
jagen,
fernwärts gezogen
von Himmelspferden,
über die Kuppe
des Hochwaldes hin,
unter dem
das Tal sich birgt
zwischen den Wäldern
mit Feldern und Gärten.

Auf steigt,
kundig
vom Vater gebaut,
mein Drachen.
Wind singt
in der Schnur.
Schwer
mit den Quasten
an Ohren und Schweif
um sich schlagend,
reißt er sich los,
daß ihn
der Windstoß
auf und davon treibt.

Hier,
vor dem Haus
in Konradsthal,
breitet sich
Wiese,
auf der die Mutter
duftig weiße
Wäsche bleicht,

wir
von Wäschepfahl zu Pfahl
„Stübel vermieten"
zum Feierabend,
bis auf die Zeit,
wenn der Löwenzahn
blüht.

An der goldschweren
Blüte Stengel,
den ich,
am Ende,
vorsichtig einreißend,
umkragen kann,
läßt sich,
nachdem ich
die bittere Milch
aus dem Stengelröhrchen
treibe,
mit der Lauge
im Tassenkopf
hauchfein
die regenbogenschillernde
Seifenblase formen.
Ähnlich
der blinkenden
Kugel aus Glas
auf dem Schemel
des Schusters
im Dorf,
eines „angelisch silesischen",
birgt mir
die Seifenblase
Welt.
Himmel und Erde
zeigt sie mir
spiegelnd,
Berge und Tal,
Wälder rings,
Gärten und Felder,
das Haus und
das Kind.

Aus ihrer Wölbung
winkt es sich zu.
Es sieht,
wie die Kugel
am Röhrchen
sich dreht,
abnabelt,

im Winde
schwebt.
Es läuft
ihr nach,
es greift
das Kind.
Aber die Welt,
die ihm vorschwebt,
zerspringt.

In Konradsthal werweißwieweit

Mein Drachen steigt. Was bin ich froh,
daß in der Hand die Schnur sich spannt.
Auffährt von irgendher der Wind.
Er greift, er hebt, er trägt das Ding,
das, ob zu schweben eingeweiht,
doch eben noch zu Boden ging,
mitsamt mir selbst werweißwieweit
durch Niemands Land ins Irgendwo.

Herbstabend in Konradsthal

Wenn Quecken schwelen, beizt der Rauch
des Herbstes Hauch dem Abend ein.
Der Hüter ruft die Herde heim,
Kartoffeln garen unterm Stein,
vom Wind flackt Glut im Feuer auf.

Am Berg die Wälder stehn zusammen,
beschließen eine Einsamkeit,
die nur dem Himmel offen bleibt.
Das ist des Augenblickes Zeit,
wo tags der Kinder Drachen steigt,
was über Stoppeläcker treibt
und aus dem Pulk der Krähen schreit,
im Schweigen einzufangen.

Spurenlese

Wenn in Konradsthal
am Morgen
des neuen Jahres
mit Aufschließen
der Haustür
aus der Windswehe
kristallen
Schnee entgegenbricht,
bis tief in den Flur,
der Treppenaufgang
draußen
abstürzt
in den bodenlosen
Wirbel dort
aus Schnee,
zaunhoch längst
der Gärten Grenze
um das Haus
am Feld versinkt,
trägt mich
in den Kindertagen
über eine weiße Ferne
einsam
meiner Schritte Spur,
wie die Lettern hier
des Schreibens
meiner alt gewordnen Hand
nun in zeilenlose Räume
auf dem leeren Blatt Papier.

Berufung auf Neurode

Im Namen und Zeichen der Stadt

Zuspruch ist zu gewinnen, des Wortes inne zu werden, das die Verzauberung löst, wo die, was Welt ist, im Bann hält. – Überall Welt, oh ja! Aber verschlüsselt eben, verborgen und verschleiert, aus welchem Grunde auch immer. Da hat sich seit der Kindheit, was sich auch wichtig nahm seither, so gut wie nichts geändert. Nach wie vor geht es um das, was Schlüsselmacht hat, den geheimen Zugang, den Zugang zum Geheimnis, zu öffnen. Freilich, der Schlüssel erschließt, aber er sperrt auch, wie man weiß. Offenbaren und Verbergen, sind die etwa eins? Geht es mit der Welt zu, wie beim Zaubern auf der Bühne? Wird nur immer vorgezeigt, um damit Versteck zu spielen? Oder liegt es an dem, der zuschaut, daß ihm, was hier wirklich los ist, nicht so recht vor Augen kommt? Die „Parole" jedenfalls, das „Kennwort" jeweils, will vom Eingeweihten nicht bloß gewußt, sondern durchaus auch bekannt sein: Damit Verstellung sich entriegelt, die Schranke sich hebt, die Wache den Befugten einläßt. Ein solches Wort, das hat man mir erzählt, hat „Rumpelstilzchen" schon bewegt, was als Eigentum verheißen und als Besitz dann längst verspielt war, ehrlichem Neubeginn ganz ohne Abzug herauszurücken. Im Klartext jetzt gesprochen, wortwörtlich also, heißt das: „Am Anfang war das Wort". So steht es auch geschrieben. Weiß Gott, es hat Geschichte gemacht.

Könnten da nicht schon im Namen dieser Stadt Winke vielleicht, Einladung, Wegweiser gar gegeben sein, einzugehen darauf, dem dort auf den Grund zu kommen, Schritt für Schritt, was sich da birgt, zu bergen? Schließlich ist der Bergmann hier zu Hause. Bergleute waren der Vater und auch der Großvater schon. Und Ortungen an dieser Stelle, als im Lande meiner Kindheit, können eigentlich nicht anders, müssen was wie Bergmannsarbeit tun: „Abbau" treiben, wer weiß, in welcher Tiefe; „vor Ort" aus wer weiß welchem Dunkel. Heißt das nicht „unter Tage" fördern, was erinnert so ans Licht soll, um aus „Fündigem" „Taubes" zu scheiden? – Vater, der freilich niemals wollte, daß auch sein Sohn „unter Tage" führe, wird mir die „Frühschicht" nicht verargen, zu der Erinnerung hier „einfährt", oder die „Nachtschicht", wie es eben damit geht. Langsam – solche Erfahrung kommt teuer, kostet vor allem Zeit: Das Auge muß sich an den Wechsel von Licht und Dunkel erst gewöhnen – so langsam kennt man sich was besser, Vater mag vertrauen, in der „Grube" aus. Also gibt man wachsend acht auf das „Licht bei der Nacht".

Da ist im Namen nun der Stadt, im „Neu-rode", von „rode" die Rede. Versteht sich, daß seinen Anspruch erhebt, was der Gründung dieses Ortes hier im Gebirge, der „Eule", zukommt. Ein Wurzelstumpf, der „Rode"-stock, markiert genau die Position. Aber er quittiert auch den Preis, den sie ihrer Landnahme auf einem Platz wie diesem an Mühsal schulden und entrichten. Sowas prägt sich außer dem Namen – nomen est omen – also auch dem Wappen der Stadt ein. Das Zeichen führt vor Augen, was der Name „Neurode" besagt, Zeichen und Name decken einander, heißen beide über das, was die Stadt im Grunde betrifft, im Bilde zu sein.

Hat einer „Augen, um zu sehen", und „Ohren, um zu hören", entgeht ihm nicht, daß in „Neu-rode" bestimmt die Farbe „Rot" mitspricht: Rot nämlich leuchtet die Erde, die der Rodende hier aufwirft, rot glüht der Sandstein, den man hier bricht, als habe man ihn eben im Ofen erst gebrannt. Und endlich wird Neurode selber – wie in den Ortschaften des Kindes zu Hause, auf dem Küchenschemel, mit Teilen aus dem Steinbaukasten, der dem Vater schon gehörte, geschliffenen, gewichtig zu fühlen und zu fügen – mit Quadern von rotem Sandstein gebaut, wo es die Zeit überdauert. Kein Zweifel: „Rot" hat selbstredend recht. – Aus solcherlei Einsicht läßt sich denken, daß außer im Anklang des Namens der Stadt ausdrücklich auch ihr Wappen „Rot" im Schilde führt. Namens der Stadt, wie kraft ihres Zeichens, das zeigt sich hier, spielen sie „Rot" aus. „Rot" ist sozusagen „Trumpf", Signal ja doch seit eh und je für alles, das, was „schön", „erlöst", was, wie „Neurode", „neu" ist.

Ist der hellhörig geworden, bringt dem Horchenden das „rode", besagte Silbe am Ende des Namens dieser Stadt, im Anklang schon zur Sprache auch von dem, was „rat" und „riet" und „reut" bekunden, die anderen Ortes in Siedlungsnamen ebenfalls Endsilben bilden. Wie diese Silben mag denn auch „rode" schließlich mit „Rute" verwandt sein, dem uralten Landmaß, von dem bekannt ist, daß es mit „Radius" zu tun hat. Damit kommt der Kreis ins Spiel, dem sich erschließt, worum es geht. – Ahnt nicht dem Kinde schon von der Frage, was es, bei der Hand genommen, einbezogen in den Reigen, und darin zu tanzen gelöst, wieder und wieder im Kreisspiel umschreitet?

Was für ein Spiel da auch immer jemand ins Feld zu führen gedenkt, ein Spiel-Feld will allemal abgesteckt sein. Man möchte schließlich wissen, wo man gewinnt und verliert, und welchen Regeln sowas folgt. Das spielt beim „Kästelhopsen" schon, wie Kinder dieses Spiel benennen, eine entscheidende Rolle. – Ist das „sich erinnern" nicht auch sowas die „Kästelhopsen"? Mal nämlich denkt man hierhin, mal dorthin, und immer in der Hoffnung, daß sich als Gewinn zum Schluß doch etwas herausstellt. – Hier muß, das Spielfeld aufzureißen, der Scherben her: die Scheidemünze, als Eintrittspreis. Die Währung findet sich nicht leicht. Man wird sich von ihr finden lassen müssen: Vielleicht am Wegrand, wo an geheimer, beinahe unzugänglicher Stelle, unter dem Haufen der Steine vom Feld, brennesselüberwuchert im Hagebuttengestrüpp – in einem günstigen Augenblick, wenn Sonnenlicht dort einfällt – plötzlich Kostbares aufblinkt. Sowas ergibt sich bevorzugt im Vergessenen, so scheint es, im Verworfenen, Verarmten: im Aschenputtel-Kleid. Zudem wird dieser Schatz – es ist einer, kein Zweifel – ganz wie es sich gehört, von Blindschleichen, von Eidechsen, von Kreuzottern sogar bewacht, die, ihrer Fährlichkeit wegen, vom Drachen doch gar so weit nicht fern sind. Da geht es um den Tassenscherb, den mit dem Blau vom Veilchen, mit einem Rosenblütenblatt, mit einem Goldrandrest bemalten. Der niemals mehr erstrahlen wird, wie hierorts dem Kinde zum ersten Mal. Wie das so vor sich geht: Irgendein Fehler, ein Versagen, hat aus dem Schatz wieder Scherben gemacht. – Was nun dieses Spiel betrifft: Wer immer den schönsten Scherben einsetzt, auf den, ganz ohne Leistung, fiel bereits des Glückes Wahl. Er hat, selbst wenn er verlöre, ein Spiel, das vorrangige gar, schon damit so gut wie gewonnen. Spielen fängt, wie immer, längst vor der Spielregel an.

Mit der Ortung von Neurode, der Platznahme für ihr Zuhause, wo sich ihr Leben abspielen soll, will dem Menschen, das ist klar, da sind die sich hier fraglos einig, vor allem zum Heil was besorgt sein. Also vollziehen sie das „richtig", „rite", „ein"- und „aus-gerichtet" nämlich im „spirituellen", im „rituellen" Sinn. Auf das Erste, die Initiale, wie man in jedem Codex sieht, auf den Anfang, die Ursprungsmacht, kommt es an. Sie allein hat Schlüsselgewalt. Was im Gebiet – das ist das Gebotene – von Grund auf bestimmend, gebietend, im Spiel ist, wer wollte daran zweifeln, kann nicht unbedeutend sein. Daher hat ihre Landnahme ursprünglich nach Punkten statt, Linien und Winkeln, die sich aus dem Stand der Sterne ablesen lassen vom Firmament. Dort oben muß sich unverrückbar festgeschrieben finden das, was Gesetz ist, gesetzt sein soll, was, kraft ihrer tagtäglichen Bitte, sie miteinander verbindet: „Wie im Himmel, also auch auf Erden". – Hat sich einer einzufinden mit der

Zeit, kann er sich nicht an Zeitnehmer halten, deren Bezüge fragwürdig sind. Nach der Sonne mag er sich richten.

Sie spüren, ihre Welt, die will dem „Kosmos" verbunden, soll in „Ordnung" sein. Das Teil hat, gleich der Textstelle im Kontext, im Ganzen erst seinen Sinn. Es gehört zum Ganzen, muß auf das Ganze wiederum hören, um selber ganz, um heil zu sein. Sie beziehen ihre Werte hier aus einem Horizont, der in der Tat kein punkthafter ist. Man kann nicht auf Standpunktprothesen stehen, wo es des Fundamentes bedarf, auf dem sie ihr Leben zu bauen gedenken. Ihre Welt, wie die des Kindes, ist nicht – wie verschultes Denken, am Hackbrett zugerichtet, verschuldet – von unten nach oben zusammengezählt, sondern wie ein Haus erbaut – und sie wollen zu Hause sein – also selbstverständlich eben von oben nach unten: Erst wenn bekannt ist, was unter Dach muß, läßt sich, lehrt der Weise, die Tragkraft des Fundamentes begründen. Sie finden sich gehalten von oben. Das deckt ihr Innen ab, und hoch und tief, schließt sich der Kreis, der aus der Mitte rührt, sind eins. So lebt man „über sich herab", wie das der alte Lehrer sagt, stimmt mit der Welt wie mit sich selber über-ein. „Wo es mit der Sache nicht weit her ist", sei es, geht die Sage, nicht gut um sie bestellt.

Von dem, was Neurode ursprünglich zukommt, können diese Ortungen im Lande meiner Kindheit nicht schweigen. Das Kind, doch selber Bürger noch einer Stadt von innen, kommt nicht umhin, muß Bürge sein für das mit Leben hier Gebuchte. So braucht es nur zu lesen, Stück für Stück steht hier verzeichnet, eingetragen aus erster Hand. Es ist dem Ursprung an dieser Stelle, der Quelle, einen Herzschlag näher. Freilich, nur in der Frühe vom Zweig so kostbar perlen lauter Tropfen Lichts. Mithin erscheinen ihm die Blumen im Schatten des Saumes der Wälder wie im Kranz der Berge die Sterne über Nacht bei stolperndem Schweigen auf tiefblauen Samt in den Himmel gestickt, wie von der Mutter nächtens auf eine festliche Decke oder das bergende Kissen. Der Narzissen Schneeflockenweiß, auf finsterndem Grün das Unwetterblau in Teppichen aus Blüten – die für das Kind „Gewitterblumen" heißen, das ängstlich grollenden Donners harrt, wenn es in der Mittagshitze solche bricht – und der Bachgrund schwer vom Golde aufstrahlender Himmelschlüssel, alles das sind Sternentaler, die, so zeigt sich immer wieder, wo es mit rechten Dingen zugeht, vom Himmel fallen zu ihrer Zeit.

Das keiner sonst sieht

Wenn bei geschlossenem Fenster
die Schwere der Nachtluft
im bedrängenden Dunkel des Raumes
nurmehr noch sich selber atmet,
Müdigkeit tief im Gemüt blüht,
ehe vom Tag was bald schon in der Tür steht,
hält im Schlaf ein Traum mich wach.

Dort, bei dem steinalten Mann mit dem Kreuz,
an der Brücke über die Walditz,
auf dem Pflaster der Unterstadt,
liegen noch immer, seidig im Abglanz
längst zurückgenommener Farben,
Strohblumengebinde meinem Erwachen
deutlich zur Seite,
auch wenn das keiner sonst sieht.

Ortungen in der Stadt der Kindheit

Neurode liegt abseits, tief in den Bergen der Eule. Nach Böhmen drüben ist es nicht mehr weit. Ein Wasser vom Gebirge teilt das Tal. Der Lauf der Walditz hat hier gerade Raum, noch einen Fuhrweg neben sich zu dulden. Das Tal, in dem das Flüßchen manchmal schon als reißender Strom über Äcker und Wiesen, Straßen und Häuser hinwegging, wenn wieder einmal Wetter hängenblieben in den Bergen, ist schmal. Der Berg fällt beiderseits der Walditz steil ab an dieser Stelle. Die Stadt steigt dennoch mit Gelassenheit empor; nicht so, als wollte sie die Pressung fliehen. Sie hat die Enge angenommen. Sie lebt im Einvernehmen mit den Bergen, die wiederum der Stadt gewogen sind. Neurode ist ein Nest, von grünen Kuppen und blauenden Kämmen, den Bergen der Grafschaft, freundlich umhegt. Mag freilich sein, daß man sich unwillkürlich fragt, ob nicht vielleicht über kurz oder lang der Wald ringsum die Stadt überrennt. Es könnte ja sein, daß keine Zeit mehr bleibt, die Höhe zu ersteigen, bevor die Versammlung der Wälder statt hat in diesem Tal, von dem sie eben einberufen scheint, recht unvorsichtig, unbedacht des Echos, das sie findet. – Hier nun, im Walditzgrund, ist Mutters Zuhause, der Großeltern Wohnung und immer wieder der Ort meiner Kindheit.

Über ein halbes Jahrtausend erzählt Neurode schon. Da fragt man wenig nach der Zeit. Man macht sich nichts aus ihr. Man hat sie vor allen Dingen und mithin in allem, was man tut. Weil man die Zeit nicht nach der Elle mißt. Zeit läßt sich nicht aus Zeit gewinnen. Der Ort dazu muß anderswo gelegen sein. Das ist es, was man hier noch weiß. Den Tuchmachern und Wollwebern, und also unsereinem, gefiel es jedenfalls, an diesem Platz zu wirken. Die Wirklichkeit ist in der Tat Gespinst: Ein fadenscheiniges zuweilen. Das hat ab und zu so Stellen, an denen es durchschaubar wird, wenn man es ins rechte Licht hält.

Neurode sagt es selbst: zuerst ist Wald. Das Kind kommt von dort zu Besuch in die Stadt. Aus einem in Wäldern gebetteten Dorf, nahe Weißstein über Waldenburg im Konradsthal gelegen. Unter der Kuppe des Hochwaldes dort, wo er für sich selber steht, ist es erstlich geborgen. Alle Wege seiner Kindheit kommen aus dem Wald. Alle Wege seiner Kindheit führen dorthin zurück, in unauslotbar grüne Tiefe. Hier sucht das Kind glückselig nach dem Ursprung, dem Ursprung einer Stille, die ringsum überall da ist.

Was ein Geheimnis sagt, mag als Geheimnis wirksam sein. Hier ist das so geblieben. Niemals ist es Rätsel geworden, das den Rat gegeben hätte, aufzulösen mit der Zeit. Wald ist lauter Einsamkeit, mag Alleinsein heißen. Gründe liegen in der Tiefe, Quellen springen in der Stille, und das Märchen hat recht. Es kann noch alles kommen aus dem Wald.

Auf und ab nun, hin und her, wie sich Erinnerung halt webt, die sich des Ganzen vergewissert. Da schießt im Gedankengewebe das Schiffchen von einem Sinnpunkt zum anderen, um festzumachen, zu wenden dort, wo er jeweils auftaucht, bis die Textur der Bezüge, zum Bilde verdichtet, was früher einmal war, ins Heute eingebunden sichtbar macht für morgen. So, hin und wider, auf und ab, geht es sich indessen auch in den Gassen von Neurode, ruft die Stadt das Kind, läuft es wie im Traum mal über ihr entlang, mal unter ihr hindurch, um immer wieder überrascht ins eigene Erstaunen einzutreten.

Also von der Oberstadt in die Unterstadt zuerst. Im Oberviertel, als Katzenkopfpflaster – Zeile um Zeile nicht ungeschickt auf den Berghang gesetzt, der bogengangumgebene Ring. Beinahe ein quadratischer Platz. Schief eingetragen und deshalb mit Notwendigkeit auch immer schon verzogen. Das alte Rathaus, nicht zu verwundern, das konnte gar nicht anders, als in die unterste Ecke zu rutschen. Dort ist es nun, verkantet, versteht sich, doch noch zum Stehen gekommen. Hier kann es sich von Zeit zu Zeit des bunten Treibens kaum erwehren: Vorzüglich, wenn der Jahrmarkt schon trunken dem Gefälle folgt, um, in der untersten Ecke verdichtet, bohrend wie ein Strudel dort Ausweg zu verlangen. Da ist das Rathaus doch „des Strudels Kern" und seine Stellung eine sehr zentrale.

Der flüsternde Johannesbrunnen, zurückgezogen im oberen Eck, hält sich verständlicherweise viel lieber unterm Blütenbaum und, wenn es an der Zeit ist, fallenden Blättern auf. Das Kind steigt über Stufen zum Beckenrand empor. Auf Zehenspitzen stehend, über die steinerne Brüstung gebeugt, kann es im Spiegel des Wassers kristallentief sehen, wie fremd es sich ist. Indes von fallenden Tropfen Ringe durch das Spiegelbild ziehen, mag es das Kind verwundern, wie es da, lautlos schwankend, plötzlich sich selber entsinkt. Also wundert es auch, wenn dann Blütenblattsegel, jene winzigen weißen, ohne Spur und ganz ohne Furcht über die gläserne

Tiefe gleiten oder bauchige Boote, braun, federleicht, aus vertrocknetem Laub stillschweigend das Geheimnis überfahren.

Die Stadt geht einig mit dem Berg. Sie braucht nicht Gewalt. So kommt es, daß der Ring, wie hierzulande der Marktplatz heißt, in allen seinen Ecken, an denen er aufgehängt erscheint, sich selber noch mal über- oder auch unterschreitet. Daß er durchhängt, ihm tut das nichts. Er läßt sich gerne einmal los. Um hin zur Unterstadt so gründlich abzusinken, daß nichts zu wünschen übrig bleibt, als eben hier, bergab geht's von allein, der Sache auf den Grund zu gehen. Das Kind wird keineswegs enttäuscht. Der Ausweg, den zu blockieren das Rathaus am Platze gelassen verschmäht, hier stürzt er in die Gasse, die schluchtentief in scharfer Kehre abschüssig zu Tal fährt. Dort, unter der Pressung im Dunkel des steinern gewölbten Bogens, mag dieser holprige Abstieg das Kind aus schattigen Winkeln ins sonnige Freie entlassen.

Nach solcher Vorbereitung gleichsam von neuem zur Welt gebracht, empfängt die freundliche Unterstadt. In diesem schiefen Winkel nach dem Schwiedelbogen wird es licht. Vom Schokoladenkrause her lockt ein verführerischer Duft. Unter der Nepomukbrücke brackt in der Sommersonne das Wasser der Waldiz. Und jenseits dieses Überganges, der in die Kohlenstraße mündet, wird unausweichlich vom Kaffee, den Wunsch hier röstet, fremd zu Mute. Zu guter Letzt schmeckt, warm noch, ein Ruch vom würzigen Brot, das hier der Prausebäcker aus seinem Ofen zieht. „Im Prause-Hause" kommt man an. Und unterwegs dorthin sind Schleusen zu durchschreiten, heimliche, aus Erwartung. So geht das hier seit eh und je. Sie öffnen sich dem Eingeweihten, sie füllen sich und tragen. Geschenke sind das, fraglos gewährt, wie Wiederholungen im Märchen. Also war immer Eingang, wird zuverlässig Ankunft, die niemals ohne Zeichen sind.

Und alles hier ist alt. Die Dinge sind es und die Menschen, die ganze Stadt. Es ist dem Kind, als ob es hier nur alte Leute gäbe, die alt sind immer schon und die darum nie älter werden müssen. Und „alt" heißt sicher „groß": Groß-Eltern wohnen hier. Und „alt" heißt irgendwie „weit her": das macht die Nähe so erträglich. So ist man einverstanden mit Altern und auch damit, weggebraucht zu sein. Und so ist alles eingewohnt, besiegelt durch Gewohnheit: ungewöhnlich. Das meldet einen Anspruch an, den nur das Alter hat. Das kann man sich nicht einfach leisten. Hier sind schon viele dagewesen, die haben es ausgehalten, ertragen. Nun also trägt es auch dich.

Die Gassen, katzenköpfig, sich windend, die Winkel und verwundenen Plätze, die Lauben am Ring und der Walditz entlang, unter schiefen hölzernen Giebeln, die Gänge, Gewölbe, in denen es dunkelt und lauter sich selbst übersteigende Stiegen. Sowas ist nicht auf Flucht bedacht. Ein Zwischenreich ist zugetan, das reich macht. Der Ort des Übergangs hier ist gewachsen, von innen hin nach draußen, um einzukehren wiederum, so, daß man sich begegnet, verweilt und zu sich selber steht, zurückzublicken nämlich und vorauf. Weil immer neue Aussicht wird und neue Einsicht sich eröffnet.

Glocken läuten, so bekannt. Und dennoch hört es sich jedesmal neu an, wenn es von der Pfarrkirche hinter dem Schloß hoch über dem Grund der Walditz mit ausgeruhten Schlägen mehrstimmig in die Stadt fällt; oder, heller im Klang, drüben von der Kreuzkirche schwingt und endlich auch, ein wenig eilig wohl, vom Brüderkirchlein aus. Die Zeitung ist nicht aus Neugier gemacht, um zu füttern mit Wegwerfgedanken. Taggliedernd ruft die Stille im Geläut, zur Einkehr in der Messe morgens, des Mittags zur Versammlung zum Mahl und abends dann zum Angelus. Gezeiten sind das, einer Feier, die keine Unterbrechung kennt, Anzeige, nicht der Uhrzeit, der Unermeßlichkeit vielmehr, der Ewigkeit im Augenblick. Was für ein Maß! Die kleine Stadt steht weiter offen als die große, als der Moloch, der nurmehr auf sich selber hört, als ob sich das verstehen ließe.

Und dann ist es soweit, daß wieder einmal mit blechernem Ton des Sterbeglöckchens Sage zu hastig die Gassen durchläuft. Hier, wo einer den anderen kennt, weiß bald ein jeder, wem es jetzt gilt. Manchmal ging sein Name vorher schon leise von Mund zu Mund. Also ist man gefaßt. Und wo man es nicht weiß, da fragt man sich. Innezuhalten ist Grund. So falten sie Hände: „jetzt und in der Stunde unseres Todes". Das vertraut. Die Glocke hat recht: Die Zeit schlägt ein für allemal, hier und jetzt, für jeden.

Und wenn es dann noch einmal läutet, versammeln sie sich, den Weg zu gehen, der mehr gemacht wird für sie selbst. Indes der eine nämlich, den sie geleiten auf diesem Gang, der Zeit doch längst voraus ist. Und wer jetzt nicht dabei sein kann, der steht am Weg deshalb, am Fenster, um zu erwarten, was da an ihm, für diesmal noch, vorübergeht.

Den Gang zum Friedhof nimmt man immer wieder. Der ist hier ein alltägliches Geschäft. Und Anlaß wohl ein dringender Bedarf. Tod ist vom Leben einzuholen. Kraft will geschöpft sein aus Verlusten. Hier sind die Quellen vertraut. Da weiß man um das Wissenswerte, was nottut. Also „geh'n wir übern Friedhof." Das Grab zu pflegen, ist mehr Vorwand, Jäten, Gießen, Eindecken des Hügels; wenn es an der Zeit ist, ein Licht dann anzünden und was davorstehn. Hier trifft man Freunde, Bekannte, Verwandte und wohl auch die, denen man ausgewichen wäre, anderswo. Mant trifft sich, unabgesprochen, selbstverständlich, mit Gegenwärtigen und denen, die längst voraufgegangen sind. Mithin schweigt das Gespräch. Voraufgegangene sind in der Überzahl.

Es geht um Land und Leute. Das sagt sich nicht kraft des Reimes so. Das reimt sich, weil es eins ist ohnedies. Nun liegt darin ein Unterschied zwischen der Grafschaft, dem Land um Neurode, und ihrem Nachbarkreis, den Waldenburger Bergen. Die sind schon mancherorts in manchem Tal vom Moloch Industrie befallen und von ihm angenagt. Und dennoch mag sich eben hier so manche Heimlichkeit bergen. Als ob sie ihrer dort versichert wäre, wo die Bedrohung wächst. Mit starken Dingen geht das so.

Noch gar nicht lange ist es her, hier im Neurodischen, da gab es unten in Hausdorf kein Haus, kaum eine Familie, wo nicht umsonst gewartet worden wäre, daß der Vater, der Sohn oder der Großvater heimkämen von der Schicht. Man hat den Schacht verschließen müssen, ehe man sie barg. Wie eine Gruft: für Hundert. In Weißstein, dicht unterm Hochwald, trifft man ganz unerwartet in den Feldern auf einen Platz mit anderer Bestellung. Da stehen Namenstafeln derer, die Hunderte von Metern tiefer im Stollen eingemauert wurden, als der brannte. Unlängst erst. So decken die hier, was sie tun, tagtäglich mit sich selbst. Das ist die Währung, die währt. Hier münzt man sie mit Schlägel und mit Eisen. Die bilden zusammen ein Kreuz. Das tragen sie auf ihrer schwarzen Tracht zur Trauerfeier wie zum Fest der Freude.

Am Weg von Konradsthal hin nach Neurode irgendwo: In Kunzendorf vielleicht, in Steingrund oder Centnerbrunn, in Wüstegiersdorf womöglich. Man feiert, wie sie sagen, „Kirmes", Kirchweihfest also. Tage schon zuvor hat man sich darauf gerüstet. Die Dielen sind gescheuert und das Holzzeug, die Fensterscheiben sternenblank. Und neben dem großen Hausputz ist auch der Kuchen mit Butter-Streusel und süßen Mandeln gelungen. Davon wird man essen über den Tag hinaus. Sie feiern, wenn sie feiern, auch sich selbst. Am Festtagsmorgen gehen sie zur Messe, und nach der Mahlzeit, die dem Fest genügt, auch wo sie einfach bleibt, geht es zu Musik und Tanz, zum Jahrmarkt vor dem Kretscham, auf den Rummel. Da steht ein Karussell jetzt auf dem Dorfplatz, diesmal mit Orchestrion und auch die Schiffsschaukel ist aufgetakelt zu einem Überschlag vor aller Augen: Von dem zu wagen, dessen Männlichkeit, aus welchem Grunde immer, dieses Beweises bedarf. Und eine Paschbude ist da, wo es Pfeffermänner gibt und, grau und weiß bezuckert, Pflastersteine, Spanschachteln, in rosa Seidenpapier gefältelt und mit Pfefferminz-Küchlein gefüllt, kleinen weißen, duftenden Zuckerplätzchen. Und alles das „im großen Wurf", mit einem Würfel aus Holz zu gewinnen: „Die Rose noch, der Bauer!" Die Attraktion indes ergibt das Teufelsrad: ein Teufelsrad zum Kirchweihfest.

Das Rad, aus massiven Hölzern gefügt, mit einer Fläche, fünf bis sechs Meter diagonal, blank wie Parkett, noch glänzender als ein Geländer, das der Gebrauch durch Jahre hin polierte. Mit einem schmalen Freiraum, ringsum gepolstert, eine Bande, kaum höher als der Rahmen, der im Garten daheim das Frühbeet umgibt. Sowas lädt zum Tanze ein und zu was für einem. Fünf Pfennige sind eine Wassersemmel. Um diesen Preis ist das begehrte Feld betretbar. Man läßt sich darauf nieder, macht es sich bequem, im Schneidersitz, auch hockend, nach Belieben: Männer, Frauen, Kinder, Mädchen auch und Burschen. Und schon geht es rund, kommt in „die Geschichte" sozusagen Bewegung.

Das Rad, es dreht sich, dreht sich immer schneller. Und die es mitnimmt, sind begeistert, und die Begeisterten schon bald berauscht. Am Rande Sitzende, der Fliehkraft ausgesetzt am stärksten, die fallen zuerst dem Wirbel zum Opfer. Doch mit der Zeit erwischt es jeden, reißt es einen nach dem andern von der Bühne. Da ist kein Halten mehr, am Nachbarn vielleicht, wo man ihn anfaßt, aber der Fortsturz triumphiert, macht keinen Unterschied. Im Kollektiv trägt sich das leichter, ob ausgelassen oder ängstlich; von denen, die im Spiele sind, wie dort, wo man noch zuschaut, um demnächst selbst von der Partie zu sein. Der Sturz ins Chaos, scheint es, spielt sich ab für alle. Ein Teufelsrad diese Geschichte? Halt. Einer übersteht den Dreh! Der dort in der Mitte.

Die Namen von Straßen und Gassen, den Plätzen und Wegen der Stadt besagen, wer sie bewohnt. Wie das halt früher gang und gäbe war. Da weiß man gleich, woran man ist. Wo sie die Wolle spülen, die hier verwebt sein soll zu Tuch, dort muß es „Wollenspüle" heißen. Pantoffeln, die von hier aus in alle Lande gehen, so, daß die Stadt im Schlesischen auch „Pootschastoadt" genannt wird, die fertigt man aus Filz und Tuch, versteht sich, in der „Schustergasse". Am „Ring" dreht es sich um das Rathaus. Und wo die Ufer der Walditz Bogengänge begleiten, geht man „Unter den Lauben", den „Kunzendorfer Lauben" und den „Marien-Lauben". Ein Fuhrweg am Wasser, der einzige, der Platz hat in der Enge des Tales, muß selbstverständlich „Kohlenstraße" heißen. Hier nämlich nimmt der Berge Schatz, „der schwarze Diamant", den sie bei Hausdorf unten und in Mölke fördern, den Weg im Fuhrwerk über Land.

Wenn auf der Fahrt über holpriges Pflaster nun durch die Unterstadt nicht selten etwas von der Fuhre fällt, finden sich Hände, die jeden Brocken des schwarzen Gesteins sorgfältig auflesen werden. Man weiß, wie mühsam der Abbau war. Mancher wartet schon darauf, daß wieder Fuhrtag ist, gleich nach dem Wochenende. Indessen geht man in den Wald, um Beeren zu lesen, die Kannen aus Email oder ein Bunzlauer Töpfchen am Gürtel, und „in die Pilze", wie sie sagen. Und endlich, keineswegs zuletzt, will Reisig aufgesammelt sein. Das holt man auf der „Hucke" heim oder im Leiterwagen. Und kommt der Herbst, dann warten Stoppelfelder an den Hängen, auf denen bald vom Rücken der Berge heulende Winde fegen. Das ist die Zeit der Ährenlese, nahe dem Drachensteigen. Und wenn sie nur spazierengehen, bringen sie von dem, was sich am Wege findet, mit Sorgfalt ins große Schnupftuch geknüpft, wie es der Großvater trägt, Kostbares mit nach Hause. Alles das ist hier geschenkt. Und sie sind so, daß sie sich schenken lassen. Und da empfängt man eben.

Das Kind hat Kastanien gesammelt, die braunen Kugeln, wie seidig sie glänzen. Das Kind hat sie selber, unversehrt, aus ihrem schneeweiß-weichen Schalenbett gelöst. Es wird sie dann, wie die daheim das Nußbaum-Möbel, behauchen und polieren und ihre feine Maserung, behutsam sicherlich, begreifen.

Es drängt das Kind, draußen zu sein. Gelassen führt der Weg aus der Stadt. Man grüßt immer wieder, bleibt stehen, verweilt und wechselt ein Wort. „Aah, der Herr Thomas! Groß, die Enkel. Die Kinder von der Friedel. Die Kinder von der Marthel." Man weiß das schon. Großvater steht und schweigt. Da kann man sich dran halten.

Das Kind ist längst auf anderes gespannt. Wieder ist ihm so, als gäbe es nur Leute in der Stadt, die alt sind. Kopftücher tragen die Frauen. Fransen hängen daran. Und die sind immer schwarz. Das macht die Frauen feierlich, auch in der Schürze am Alltag. So schwarz, das wiegt nicht leicht, da geht man eben langsam und gebeugt.

Längst blieb die Stadt zurück. Weiß sie doch, was ihr zukommt. Berge und Wälder ringsum, Hänge, mit Feldern und Wiesen geflickt, liegen durchsonnt. Wärme duftet, Falter taumeln auf Blüten im Gras, umsummt von Insekten. Brotfrucht atmet in der Reife, die das Kind hoch übersteht. Es schmeckt nach süßem Harz aus dem Wald, und eine einzige Stille hat alles kostbar gemacht. Alles steht offen, ist weit im Lichte des Mittags, und Zeit ist gelöscht. Also ist dem Kind gewiß, daß hier nur immer Sommer sein kann.

Wälder wiegen Kamm über Kamm, wie aus der Schaukel geschaut. Und wenn der Wind herauf vom Mittagsläuten trägt, ist es wie ein Wink, der ruft und doch entläßt. Du mußt hier nicht mehr fort. Was weit ist, das ist da, und Nähe ist so weit, daß Traum und Wirklichkeit zugleich den Augenblick ermächtigt halten, in dem das Märchen wahr ist und Wirklichkeit märchenhaft.

Aber dann tut doch etwas weh. Wenn hinter dem dornigen Buschwerk dort das Kind tief in die Gräser greift, um Halme zu pflücken mit zitternden Herzen. Hart sind solche Stengel, scharf wie ein Messer. Das schneidet, bis aus der Hand, die den Halm im Schmerz krampfhaft hält, Tropfen für Tropfen ein Rot perlt, wie man es am Bildstock sah. Ist das der Preis? Aber die zitternden Herzen ergreifen das Kind immer wieder.

Zurück in die Stadt, wo an der Walditz auf der so begreiflich sich wölbenden Leibung des barocken Postamentes der Brückenheilige steht. Dem Kind zum Greifen nahe die Jahrzahl, eingegraben in den Stein mit Ziffern, die tanzen, wieder und wieder vergoldet, auch die eigenwilligen Schnörkel der Umrandung des Epitaphs. Darin fahren Kinderfinger, wie die Eisenbahn in den Schienen. Blaß stehen da Blüten aus Stroh. Schön so die Farben, erst jetzt, gealtert, zurückgenommen, leise geworden, inwendig bloß. Am Rande des Gesimses kragt ein geschmiedetes Eisen, das die Laterne hält, schief geworden wie die Alten, die hier gebückt begegnen. Tröstlich, wenn am Abend milde der Schein des Talglichtes durch das Milchglas der Lampe des Heiligen Nepomuk fällt.

Abgegriffen die Dinge, aber Zeugnis der Sorgfalt. Bewährt in der Hingabe zum Gebrauch, aber eben gebraucht zur Bewahrung. Selbst die steinernen Platten im Hof, auf der Gasse, unter dem Gewölbe der Lauben oder in einer der Kirchen. Würfel aus rotem Sandstein, wie er hier wächst, ausgetreten von Generationen, sind zu Buchten geworden, zu Trögen, in die man einsteigt als Kind, vorsichtig tastend, mit Füßen, die noch zu klein sind dafür. Schwellen und Stufen und Treppen, einmal, vor langem, aus Stein, seither durch Zeiten bestiegen, sind nun selber zum Steigen gekommen: und aus der Übung solchen Dienstes zu wiegenden Mulden erlöst.

Längst ist der Stein zerbrochen. Aber was macht das. Die verläßliche Klammer aus Eisen, eingeschliffen indes und blank, ist ihm eigen seither wie ein Intarsienstück. Und sie hält, wie es sich zeigt, ohne erst zu versprechen. Unter wuchtenden Bogen, die der Walditz entlang bis hin zur Lorettokapelle weißgetünchte Gewölbe tragen, sind es die Verankerungen und altersverkrümmte Geländer über der Brüstung, die immer wieder locken, sie heimlich, nur so für sich, ohne daß jemand was merkt, gerade dort zu berühren, wo sie durch Zeiten vernutzt sind. Ob man an dieser Stelle nicht vielleicht doch von dem erfährt, was früher einmal war?

Wettersturz im Riesengebirge

Graniten buckelt Gestein bergan.
Längst hält die Zeit der Koppe Rücken
gebeugt vom in die Schluchten blicken.
Breit liegt im Sommer ausgebrockt der Kamm.

Im warmen Ruch aus Harz verdöst
am Krummholzrand der Mittagsstein.
Den Schründen fällt kein Laut mehr ein.
Auf ragt die Wand aus Schwarz, entblößt.
Nacht ist's bei Tag. Da wittert Brand.
Im Wetterschein ein Donnerschlag die Schloßen löst.

Der Platz an dem was Bleibe hat

Sie haben aus den Bergen das Bergende geholt: lauter Stille aus dem Stein. Sowas zu hüten, sind Hütten gebaut. Steine gebrochen, Mauern gesetzt, Balken zum Blockbau geschlichtet. Gehäuse wie Palazzi wurden, also ist man auf der Hut, gleich einer Burg zur Ortschaft gesellt. – Ihre Behausung, geduckt um den gedrungenen Turm, bedeckt Granit. Wolkenhoch wächst sein Gewände aus dem Grün von Arven- und Kastanienhainen im Tal, gipfelt über Schwalbenflüge auf zu Nadelspitzen. – Singend aus dem harten Stein springen Wasser durch die Zeiten in ein Brunnenmuschelohr. „Hier ist der Platz", so sagt es sich, „an dem was seine Bleibe hat."

Die Stube, die mich aufnimmt, ist einig mit sich selbst. Tiefe Bogen holen aus, um im Bruchsteinmauerwerk Fensternischen einzuräumen. – Fällt nicht durch eine solche Auslucht, wie verworfen sie auch verläuft, seinerzeit im „Prause-Haus" dort der Stiegenwende Licht ein, wohin ein Kind noch jedesmal dieses Flurgewölbe flieht, um so rasch, wie irgend möglich, aus der Fensternischenhelle auf dem letzten Stufenstück durch das Treppenaufgangsdunkel in der Großeltern Wohnung zu kommen? – Schneewehengratig fein verputzt dehnen Bogen in der Decke deren Wölbung hier so weit, daß es des eisernen Bandes bedarf, ihre Spannung zusammenzuhalten. Gegenüber der Wand mit den Fenstern geben einem Kleiderkasten und der Tür des Zimmers unverregelt abgeflachte Nischenbogen Raum, überlassen sich der Fügung einer solchen Maurerkunst, wie einer Melodie der Einfall von Synkopen.

Nicht ohne einen Anflug von Pressung wirft sich die Wölbung der niederen Decke kalkweiß getüncht, frisch, wie das Linnen auf der Matratze, über mein behäbiges Lager. – Da träumen sich, wie Stuben, die Laubengänge meiner Kindheit an der Walditz in Neurode und in den Städten daheim auf dem Ring. – Dazu lädt auch ein nußbaumholzener Gastbettkasten ein: im Fuß- wie Kopfteil giebelgekröpft, wiegt der – nicht ungleich der himmlischen „Arche", die man als Kind bei den Großeltern zur Reise durch die Nacht bestieg – schwellenlos in den Traum bis zum Tag.

Hatte nicht in der Altbaukammer dort, unter dem Deckengebälk, wo hinter einer Lattenholztür Sonne durch die Luke bricht, in deren Strahlenbündel Gold stäubt, wie auf der Milchstraße die Sterne, Pfauenfedern das Kind entdeckt (perlmuttern, herrlich schillernd die Farben, aber auch ein wenig schrecklich aus so vielen Augen) und, an die klotzige Truhe gelehnt, die im Klangleib geschwungene Zither? Höher schlägt das Kinderherz noch vor der Reisetasche, deren beschundener Lederbalg allein schon wer weiß was erzählt. Ohne Frage bergen sich hier die größten Kostbarkeiten, die, wie oft man sie auch sah – das geht mit Schätzen eben so –, immer wieder überraschend fremd und neu anmuten. Hat sich doch eigenes Erwarten längst auch darauf eingestellt. – In Papiere wie aus Seide eingeschlagen, sorgsam, mit Schleifen, gebündelte Päckchen – die mit Vorsicht zu enthüllen eine der Neugier erwachsene Ungeduld nur steigern muß – geben Glückwunschkarten her, die allerdings höchst seltsam sind: Klappt man die auf, erstellen sich nämlich, ähnlich der Bühne des Puppentheaters, nun aber spitzengewebefein, Filigran um Filigran, scherenschnitthaft Bäume, Häuser, Zäune, Berge; Blumen, Wälder und Wolken; Tiere, Fuhrwerke und Menschen; ganze Stadtsilhouetten sogar: versilbert an Fassaden, mit vergoldeten Dächern, Toren und Türmen, die funkeln unter kristallenem Schnee. Was alles sich zudem, das kommt diesem Zauber nahe, mit einem Griff erscheinen wie verschwinden machen läßt.

Hier oben im Bergell kommt an meiner gastlichen Stätte auch eine Kastenuhr zur Ruhe. Jetzt, da sie keine Zeit mehr mißt, hat sie auf einmal welche. Ihr zeigerloses Zifferblatt, ein zinnernes, erinnert – wie sich, wenn man die Augen schließt, Tiefers ergeben mag – also ein anderes Niveau der ihr eigenen Dimension: Was die Stunde schlägt, das zeigt die alte Standuhr jetzt in ihrer Stille an, weiß der am besten, den sie trifft. – Der Stoßschlitten – sieh dir das an: selbst aufgebraucht ein feiner – im Fahrwerk zierlich ausgestellt, dem Damenschnürschuh Halt zu geben, hebt das geschwungene Gehörn beinweiß gebleichter Eschenkufen nahe dem schmiedeeisernen Gitter an der offenen Loggia nicht ohne Anmut in die Sonne, wird seiner restlichen Bemalung – das sieht man: aus dem Rokoko – nun erst, will mir scheinen, hier, im Ausgedinge, froh. – Da gesellt sich, kunstvoll gedrechselt, auch das Spinnrad liebend gern, geschickt beringt und ausgelegt mit Ebenholz und Elfenbein, wo Haltbarkeit und Kostbarkeit das fordern, und immer noch bezopft mit Flachs, oder auch schon wieder. Ein Spinnrad – das weiß ich wie langen Fäden zu welchem Gespinst seit wann seinen Lauf ließ – nimmt sich unter den „Baldachin", den die Windung der steinernen Stiege hier der Zwischendiele einräumt, in die bergende Stille zurück, anderem den Schwung seines Rades neidlos längst überlassend. – Ein Ding ist das, was bleibt, so scheint es, wenn es keinen Zweck mehr hat. Das stellt seine Eigenart erst so recht heraus. – Gewiß spielt auch die Hinsicht ihre fragwürdige Rolle, die ja doch so manchen Wert erst „posthum" zur Kenntnis nimmt. – Eigentümlich jedenfalls steht hier Stück für Stück zu dem, was Sache ist, worauf es ankommt. – Bin ich von meiner Ankunft auch so überzeugt?

Einladend kleiden Arvenhölzer bis in die halbe Höhe des Raumes ringsherum die Gaststube aus, verströmen den kräftigen Ruch des Waldes, dem sie entstammen, noch heute, mischen mit dem Heuduft von draußen einen würzigen Atem ein. – Hier sitze ich gerne am Tisch, der seiner schiefernen Platte Last, samt dem, was aufgetischt sein mag, Jahrhunderte verläßlich trägt. – Grau treppt Granit vom Katzenkopfpflaster auf der Gasse über den Hof hin durch das Haus, bietet dem Eingang Schwelle, Pfosten und Türsturzbogen. Radabweiser, ebenso aus dem harten Stein geschlagen, wie die Platten auf dem Steig, der schon die Römer über den Paß führt, spreizen sich zu Füßen der Pforte. – Im Türklopfer, ein Guß aus Bronze, abgeschmiegt vom Zugriff der Zeit, aushaltend immer noch im Dienst, zog ein Zwitterwesen ein, das dem Dunkel einer Krypta, vom Kapitell der Säule dort, oder dem steinernen Relief der romanischen Taufbeckenwandung, ursprünglich mag entkommen sein. – Türangeln sind geschmiedet, Beschläge, vorzüglich das Schloß. Es steht der Einsicht offen, scheint es, seine Technik zu verbergen. Bis in das letzte, feinste Detail seiner differenzierten Mechanik durch die Hand des Meisters zur freien Form im Ornament erlöst, erinnert dieses Kunststück unversehens an das wunderbare Flechtband, das einer mönchischen Schreibkunst um die Jahrtausendwende, fern, auf der Irischen Insel, ihrem Evangeliar in Gestalt der Initiale gleichsam einzuweben gelang. Man sieht sich förmlich außerstande, was sich darin verbunden und verwunden hält, auch nur annähernd aufzulösen. – Der Eintritt, das war noch immer schon so, kostet seinen Preis. – Kraft des verschlüsselten Filigrans, ich traue meinen Augen kaum, kommt Sicherheit aus Schönem zu.

Flure, aus Kreuzgangstille gewölbt, führen in Brunnenstuben der Frühzeit. Das verlockt, am Putz zu kratzen. Könnte nicht, wie seinerzeit in meinem Bilderbuch, gleich auf der anderen Seite, doch noch was verborgen sein? In der Kirche über der Meira, dem unberechenbaren Wasser, das hier aus den Bergen stürzt, einrissig, manchmal abgrundtief, dieses Hochtal zu markieren, kam unlängst erst ein Fresko zu Tage, frisch aus seinem Ursprung rührend: Wie die Kratzputz-Malerei an der Hauswand um die Ecke, die Hunderte von Jahren schadlos überstand. – Ein Geheimnis eh und je, kommt hier das Romanische ab und zu rund und vokalvoll gar wortwörtlich auch zur Sprache, lautbart es sich, Laudes der Mönche im Anklang verwandt, eingängig nicht nur ins Gehör, als wollte es die eigene Tiefe dort erkunden. – Die Sonne sinkt. Zum Hohlweg wird das Tal, der Schatten schluckt. Ein Fingerzeig der Berge lenkt meinen Blick nach oben. Da weiß ich auf einmal: Das ist es, das kam zu von Anfang an in Schlesien, daheim, zwischen Sattelwald und Leite, hinten, wo in Konradsthal unentwegt der Hochwald über meiner Kindheit steht.

Ausklang

Vom Schönen der „schönen Breslauerin"

Hat, was *Heimat* heißt, nicht von Wesen Weibliches, Mütterliches gar im Sinn? „Die Heimat", sagen wir. Sie ist uns Ort des Ursprungs, Hort der *Mutter*-Sprache. Handelt es sich da nun um Schlesien, erhebt, was Heimat bedeutet, seinen Anspruch unmittelbar: Der Schlesier spricht von seinem Zuhause als von der *„Mutter Schläsing"* nämlich wer weiß, wie lange schon.

Bilder der Erinnerung an Schlesien daheim, wie sie mir heute vor Augen stehen, weisen so ein Ganzes im je Einzelnen auf. Aber auch die Bilderfolge selbst hat was zu sagen: Das, was den Einzelheiten hier gemeinsam ist. – Sie alle geben eigentümlich Zeugnis von Orten, denen *Ankunft* innert. Ob es sich da um ein Gesicht, ein Ding, um eine Landschaft handelt: Eines wie das andere scheint kraft seiner Eigenheit ermächtigt, zu be-gegnen, Gegen-stand, Bei-stand, Partner zu sein. – Heimat wird deutlich als die Gegend, in der Ankunft Platz nahm von Anfang an. Da muß nichts mehr unterwegs sein, weil es an eben diesem Platz angestammt da-heim ist: *gestillt* gleichsam auf eine Weise, die nur die *Mutter* gewährt.

Anfang und Ende einer Reihe zieht man unwillkürlich aufmerksamkeitsbetont in Betracht: Nicht anders in dieser Folge von Bildern. Rechtfertigung genug, ein Motiv an den Anfang zu stellen, das als ein für Schlesien typisches gelten darf: ein Bild mit schlesischen „Lauben". – Selbst die Vielfalt schlesischer Landschaft stellt diese Lauben-Wölbung mit Beständigkeit heraus: Ob nun in alten Gassen zum Schwibbogen verwandelt oder in den Spielarten überdachter Toreinfahrten oder im Bogen steinerner Brücken. – Kommt nicht aus diesem Motiv – im Zeichen seiner Rundbogenstruktur nun geradezu archetypisch – ebenfalls entgegen, als was sich Heimat grundsätzlich erweist? – Es träumt sich für mich in schlesischen Lauben von früher Kindheit an: Licht und Schatten spielen, und Gewölbe bergen nicht unähnlich jenen im Kreuzgang. Schau, wie Arkade um Arkade durch jeden neuen Bogen dort eine neue Aussicht eröffnet, oder aber auch ein Gleiches stets von neuem wiederholt: So, wie Gesänge im geistlichen Chor unermüdlich Lob verkünden, der Refrain des alten Liedes zuverlässig wiederkehrt, wie die Mutter das Märchen, allemal sich selber treu, immer wieder neu erzählt.

Dem Bilderzyklus Schlesien, einem mit der Seele geschauten – die selber auch weiblichen Wesens ist:

Schließlich kann ein Gleiches von Gleichem nur erkannt sein – fiel zu guter Letzt ein Motiv ein, das mit höchster Autorität Augen dazu öffnen mag, den Sinn von dem, was Heimat ist, endgültig wahrzunehmen: die Skulptur Mariens, Urbild aller Mütter, „Mutter des neuen Menschengeschlechtes" in der Sprache der Liturgie. Hier tritt sie im Bereich zwischen Kult- und Andachts-Bild entgegen. Schlesien ist ja ein Land – vor allem das Glatzer Bergland dort, das immer schon „Garten Gottes", „Herrgottsländchen"; hieß – in dem die Verehrung der „Mutter Maria", der „Gottes-Mutter", derart „gang und gäbe" ist, so, wie man selbst, zu Hause, daß sie gleichsam mit der Luft dort geatmet wird.

Der Monat Mai im Schlesien meiner frühen Kindheit läßt sich nicht anders als ein „Marien-Monat" vorstellen. Das reine Schneeweiß blühender Kirschen weiß nicht erst Erinnerung vom Strahlenglanz der „Mai-Andacht" nicht zu trennen. Also versteht sich mir auch die Rede von „Maria-Schnee", wie sie daheim das Wallfahrtskirchlein unter dem Glatzer Schneeberg benennen. Ich sehe dort, im Glätzischen, Mariensäulen am Rande des Weges, der Felder, des Waldes stehen und auch auf dem Ring in der Stadt, den die Lauben umgeben. Wenn die Glocke dazu läutet, beten sie „den Engel des Herrn". Tief im Volkslied wurzelt Marianisches hier, singt sich in die Liturgie ein.

Die Skulptur Mariens, die hier im Kreis von Bildern aus Schlesien als Schluß-Bild figuriert, stammt aus der schlesischen Hauptstadt, und zwar aus dem Dom, aus St. Elisabeth in Breslau. Indes ist die dem Bildwerk entsprechende Bedeutung keineswegs durch diese Position erschöpft: Schlesischen Menschen steht die Madonna so nahe, ist sie dergestalt vertraut, daß sie gar nicht anders konnte, als eine der Ihren zu sein. Mithin heißt sie der Volksmund dort, schon damals ein ökumenischer, einfach „die schöne Breslauerin".

Die Madonna aus dem Dom wird auch von der Wissenschaft einem Bildkreis zuerkannt, den man kunsthistorisch als jenen der „Schönen Madonnen" beschreibt, die im hohen Mittelalter um die Parler-Zeit entstanden. Diesen Rang hat sie noch jüngst erst wieder unter Beweis gestellt: 1980 hat man sie gewürdigt, der Ausstellung von Weltgeltung in Köln mit dem Thema „die Parler und der schöne Stil, 1350–1400" das Titelbild zu geben. – Das Standbild fand, ein kleines Wunder, den Weg über Hindernisse, die ansonsten kaum überwindbar sind: vorzüglich, wenn es sich um ein Werk so hohen Ranges handelt, und überdies um seine besondere Situation. Wie dem auch sei, der polnische Staat hat die Madonna seinerzeit aus Warschau ausreisen lassen, wo er sie indessen im Museum behielt.

Der Wert der „schönen Breslauerin" läßt sich nicht von außen bestimmen, er kommt vielmehr in ihr selber zur Geltung, dem sich zu vermitteln, der sich auf angemessene Weise darauf einläßt, sie zu betrachten. Das Gesetz dem der Künstler dient, Form und Material – *Material* kommt von *mater* gleich *Mutter* – durch welche das Bildnis Gestalt gewinnt, zur Welt kommt, bilden im Kunstwerk ein Ganzes. „Aller guten Dinge sind drei." – Wer schauend vor dem Bildwerk weilt, mag eine Spannung empfinden, die aus der Gegenpoligkeit rührt, welche das Bildwerk im Ganzen durchwaltet, sowohl im Antlitz der Mutter als auch in jenem des Kindes deutlich sich verdichtend. – Wie aus sakralem Schoß-Raum, einer Mandorla, entläßt die Mutter ihren Sohn, dessen Bestimmung – sie darf wohl ahnen, was er weiß – einem Ziel zuführt, das schon den Anschein von Idylle, wo immer man die in dem Bildwerk auch nur zu vermuten meint, augenblicklich durchbricht: Alles an dem Bildwerk weist über sich hinaus. Das Kind strebt einem Ziel zu, das „nicht von dieser Welt" ist.

In diesem Vortrag wird schließlich bedeutsam, was, wiederum im Widerspruch, so mittenhaft wie nebensächlich in dem Bildwerk statthat. Unwillkürlich wie unabweisbar bewegt den Betrachter davor die Frage: Gibt die Mutter dem Kind einen Apfel oder das Kind ihn an seine Mutter? Beide Sinnrichtungen, zeigt sich, sind im Spiel, damit seine Spannung fördernd. – Der Apfel steht symbolisch für Welt: War dem nicht seinerzeit auch im Paradies schon so? Hier nun hat Maria, „Mutter des neuen Menschengeschlechtes", mit ihrem „fiat" – im abgründigen Unterschied zu Eva – was Gott als Welt ihr zutraut, an Gott zurückgegeben, bis hin zu ihrem, zu Gottes Sohn. Was Christen beten, hat sie erfüllt: „Dein ist das Reich". Da heißt „die schöne Breslauerein" über das im Bilde zu sein, was letztlich alle heimisch macht: Über *die Ver-Söhnung.*

Wieder die Nacht

Wieder die Nacht.
Wie hoch
schon von uns Kindern
verzählt
in den Sternen.
Und Schweigen,
tief
ausgebreitet
in Wintern
daheim,
Kamm über Kamm.
Schnee fällt
von weit
lautlos
in meine Gedanken.
Ich gehe wieder,
wie damals,
staunend
den spurlosen Weg.

Konradsthal

Unter der Hut des Hochwaldes

Tauwetter um die Konradsthaler Kapelle

Schlesisches Gesicht. Meine Mutter

Ernte unter dem Hochwald

In Liebersdorf

Im Fürstensteiner Grund.
Schloß über dem Hellebach

Hermsdorf

Auf dem Feld
an der Mauer der „Glückhilf-Grube"

Bergverwalter. Mein Vater

Zum Schichtwechsel auf „Glückhilf" 67

Der Hochwald über Hermsdorf

Weideweg im Kohlauer Tal

Waldenburg. Stadt und Land

Zechenlandschaft an der Stadt

Pfarrkirche im Zentrum

Fördertürme, Wahrzeichen des Ortes.
Tiefbauschacht

Kokerei im Dunst der Löschrampe

In der Bäckerstraße.
Schloßmauer und evangelische Kirche

Ständchen mit Bläsern
der Waldenburger Bergkapelle

Blick vom Heideberg
auf den Storchberg im Winterkleid

Waldenburger Weber

Hände am Weberkamm

Holzabfuhr unter dem Hochwald im Schnee

Sommerliche Dorfstraße.
Am Niedersande in Friedland

Schattige Lauben. Friedland

Gehöft mit Umgebinde im Dreiwassertal

Die Kynsburg über der Weistritz

Neurode im Eulengebirge

Die Walditz an den Kunzendorfer Lauben

Walditz-Wehr am Oelberg

Durchblick von den Lauben
auf die Brüderkirche

Alte Neuroderin. Meine Großmutter

Gewölbebaukunst in Neurode

Zwischen „Schwiedelbogen" und Ring

Abstieg durch den „Schwiedelbogen"
in die Unterstadt

Winterliche Walditz
unter der Stadtpfarrkirche

Marienlauben an der Walditz

Wallfahrtskapelle auf dem Annaberg

In der Grafschaft Glatz

Wilhelmsthal unter dem Glatzer Schneeberg

Die alte Papiermühle in Reinerz

Grafschafter Hoftor

In der Böhmischen Gasse von Glatz

Aufgang zu einem Grafschafter Friedhof

Weg im Holz der „Heuscheuer"

Frühjahrssprünge der Biele
unter der alten Brücke bei Landeck

Breslau

Schlesischer Barock
über dem Portal der Universität

Giebellandschaft in der Altstadt

Blick von der Mariensäule zur Kirche „auf dem Sande"

Angler „auf dem Sande"

Gasse in der Altstadt. Weißgerberohle

Bunzlauer Ware auf dem „Tippl-Markt"

Über den Dächern am Dom

„Die schöne Breslauerin"

An der Oder bei Breslau

Im Gebirge

Vorfrühling am Bober-Katzbachgebirge

Sturmkiefer im Isermoor

Eingeschlagenes Holz. Bad Schwarzbach

Hochmoor im Morgennebel

Winterliche Blöße auf der „Hohen Iser"

Nachwinterszeit im Vorland des Riesengebirges.
Pfaffendorf

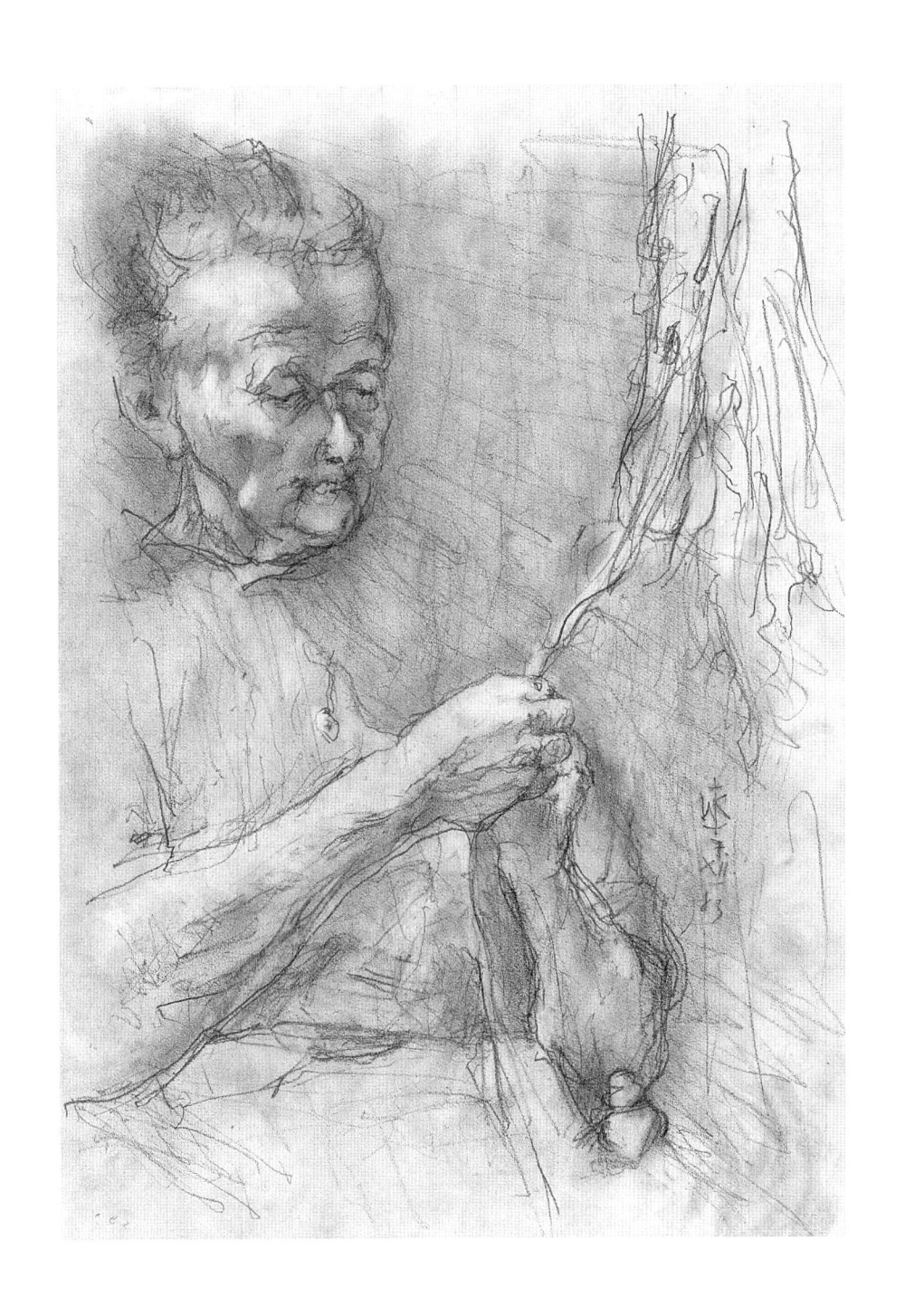

In der Hand den Flachs.
Weberin aus dem Vorgebirge

Feierabend in Schömberger Lauben

Der Hl. Nepomuk im Grüssauer Land

Das Höllental mit dem Kynast

„Glück und Glas…"
Junger Glasschleifer in der Josefinenhütte.
Schreiberhau

Um Kamm und Koppe

Am Morgen Kamm über Kamm

Koppe und Kamm im Wetterumschlag

Neuschnee im Jungbuchenwald

Wasser und Granit. Mummelfall

Nebel im Rehhornwald

Winter im Holz

Spukhafter Rehhornwald

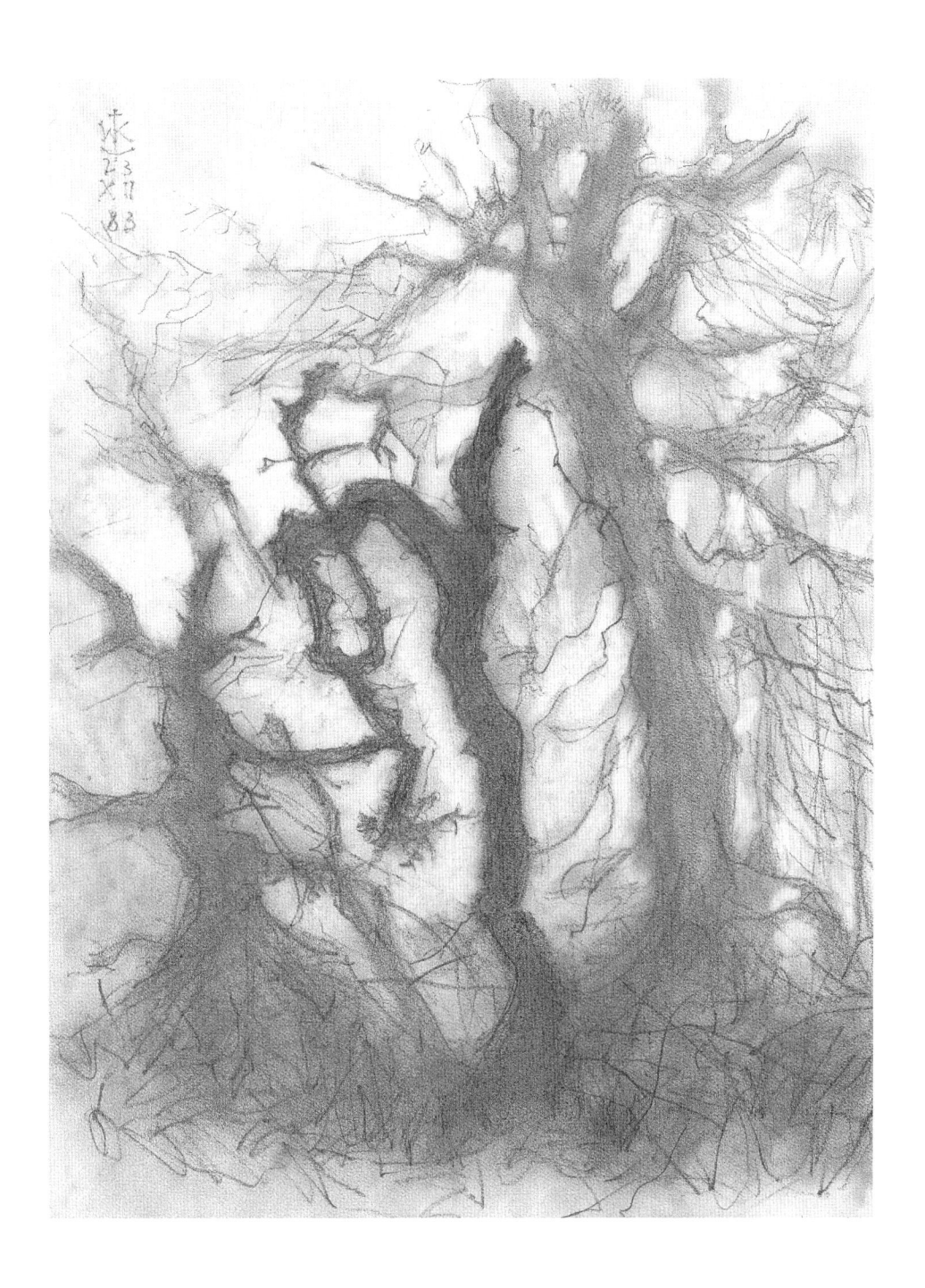

Baumgrenze in Nebelschwaden

Abendschatten in der Schneegrube

Über dem Nebel die Schneegrubenbaude

Granit im Sonnenaufgang

Quellwasser im Gestein

Der Riesengrund unter der Koppe

Gestein buckelt bergan

Knieholz auf dem Koppenplan

Abend im Riesengebirge

Stadt und Land anderswo

Schlesische Gotik in Striegau.
St. Peter und Paul

Treppen-Lauben in Bolkenhain

Über den Dächern von Münsterberg.
St. Georg

Bauernkind

Oder bei der Arbeit

Wehrhafte Kirche in Wischütz

Mit der alten Bunzlauer Dose
im Pfauenaugendekor

Bergende Winkel
der Kirche von Rothsürben

Im Wetter unter der Landeskrone. Görlitz

Mit dem alten schlesischen Leuchter

Schwibbogen-Gasse in Görlitz

Herbst um die Schrotholzkirche
von Grambschütz

Vorfrühlingslandschaft an der Lausitzer Neiße.
Deutsch-Ossig

Alt geworden in Schlesien

Im Oberschlesischen

Im Spiegel der Glatzer Neiße.
Ottmachau

Dohlen über den Zinnen
der Wehrkirche von Patschkau

Unter der Haube

Tor zu einem Gehöft bei Leobschütz

Sommer über der Oder bei Oppeln

Holz an der Kirche in Stroppendorf

Begegnung in herbstlicher Frühe

Foto: Jean-Marie Bottequin, München

Wenn man damals nach mir fragte: „Was macht eigentlich der Wolfgang?", kam ‚auf gut Schlesisch' nicht selten die Antwort: „Er mootscht wieder." „Mootschen", das bedeutet kritzeln, zeichnen, schreiben, malen. Daran erinnert mich meine Kindheit schon. Indes ist dieses Geschäft mir geblieben. „Mootschen" erwies sich als tragend durch mein ganzes Leben, selbst wo es mir noch nicht, zuweilen auch nicht mehr, bewußt war. Also ging das durch den Krieg, seine furchtbaren Vorgänge und Nachwirkungen hin, den Umbruch einer Behinderung mit nicht nur gesundheitlich tiefgreifenden Folgen und nicht zuletzt durch Jahre wissenschaftlicher Arbeit.
Zeichnen, Schreiben, Malen führen zum „im Bilde sein", bestimmen, heute weiß ich das, meine Annäherung ans Glück – das des 1925 in Altwasser bei Waldenburg in Schlesien Geborenen, freischaffend als Maler und jemand, der schreibt, seit geraumer Zeit mit Wohnort Berlin.

Wolfgang Klempmann